CLIMA

Torrey Maloof

Asesora

Catherine Hollinger, CID, CLIA
EPA WaterSense Partner
Asesora ambiental

Créditos de imágenes: Portada y pág.1 iStock; pág.22 (superior) Cornforth Images/Alamy; pág.15 (inferior) Dennis Cox/Alamy; pág.15 (superior) imageBROKER/Alamy; pág.11 (superior) Juniors Bildarchiv GmbH/Alamy; pág.20 (superior) Stock Connection Blue/Alamy; pág.25 (ilustraciones) Tim Bradley; pág.27 (superior) Anna Henly/Getty Images; pág.24 (superior) Flip Nicklin/Minden Pictures/ Getty Images; contraportada, págs. 4–11 (fondo), 13 (superior), 14–15 (fondo), 22–23 (fondo), 25, 30–31 iStock; pág.19 (superior) NOAA; págs.28–29 (ilustraciones) Janelle Bell-Martin; págs.5, 11 (inferior) Courtney Patterson; pág.7 (inferior) Gary Hincks/Science Source; todas las demás imágenes cortesía de Shutterstock.

Teacher Created Materials
5301 Oceanus Drive
Huntington Beach, CA 92649-1030
http://www.tcmpub.com
ISBN 978-1-4258-4687-9

Contenido

El clima y el tiempo atmosférico

    ¿Qué ropa usarás mañana? ¿Te abrigarás con una bufanda y un suéter? ¿O te pondrás pantalones cortos y sandalias? El tiempo atmosférico establece la ropa que usarás un día determinado. El tiempo atmosférico es el estado del aire en un momento y lugar determinado. Pero ¿si quieres predecir cómo estará el tiempo dentro de unos meses? Primero debes saber qué época del año será. Y debes saber dónde estarás. El clima es el patrón del tiempo atmosférico de un lugar determinado a lo largo de muchos años.

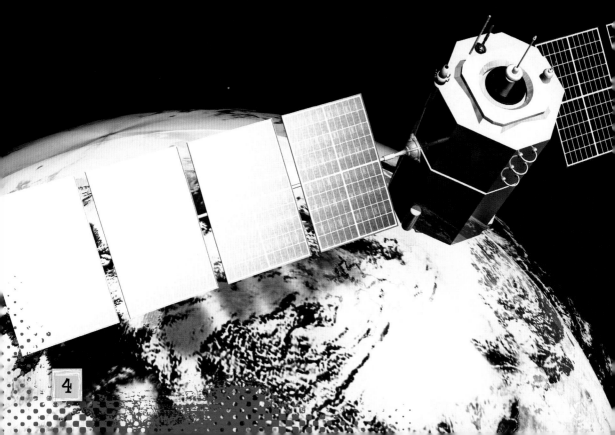

Verifica cómo el tiempo atmosférico del pasado puede ayudar a predecir los futuros cambios en el clima.

Visita http://www.oldweather.org.

El clima afecta la salud de las personas, las plantas y los animales. Hasta afecta la calidad del suelo, del aire y del agua. Si queremos saber cómo estará el clima en el futuro, necesitamos entender qué causa los cambios en el clima. A menudo, los científicos comparan el clima de la Tierra con el pasado. Esto los ayuda a entender cómo está cambiando el clima. Y los ayuda a predecir los cambios que podrían producirse en el futuro.

Cambio de temperatura

2.0
1.5
1.0
0.5
0.0

predicho

observado

40   1960   1980   2000
Años

Uso de las computadoras

Los científicos usan computadoras para analizar los **datos** y predecir el comportamiento del clima. Ingresan condiciones climáticas pasadas en sus computadoras. Si los resultados corresponden con lo que realmente sucedió, el programa puede ayudarlos a predecir lo que sucederá en el futuro.

Muchos factores cumplen una función en el clima. El viento cumple una función importante. La dirección en la que sopla y la cantidad de **humedad** que trae afectan el clima. Poco viento con baja humedad implican un clima seco.

Las montañas también influyen en el clima. Obligan al aire a elevarse. Esto crea humedad. Y da como resultado un clima húmedo de un lado de la montaña. Pero genera un clima seco del otro lado de la montaña.

Los océanos del mundo también afectan el clima. Agregan humedad al aire. Los océanos también pueden absorber y almacenar calor del sol. Esto afecta la temperatura del aire.

Los científicos toman en cuenta todos estos factores y muchos más para describir el clima de un área. Analizan los datos del clima. Observan la cantidad de lluvia y nieve. También observan de cerca las plantas que viven en la zona. Las plantas pueden ofrecer mucha información sobre el clima. Los animales de la región también.

Sombra de lluvia

Una sombra de lluvia es una extensión de tierra que se ha convertido en desierto debido a que las montañas bloquean el tiempo atmosférico lluvioso. Cuando el aire asciende por el lado de la montaña, la humedad es extraída. Cuando el aire desciende al otro lado, está seco.

Zonas climáticas

El mundo está dividido en zonas o áreas climáticas diferentes. Hay tres grupos principales de climas: climas de latitudes bajas, climas de latitudes medias y climas de latitudes altas. Estos grupos reciben esos nombres por su proximidad al **ecuador**.

Los climas de latitudes bajas están más cerca del ecuador. Son tropicales. O sea, tienden a ser cálidos.

Los climas de latitudes medias están más lejos del ecuador. Son apacibles. O sea, no son ni muy fríos ni muy calientes. Son climas **templados**.

Los climas de latitudes altas son los más alejados del ecuador. Pertenecen a regiones polares, o árticas. O sea, son muy fríos. Este grupo incluye el polo norte y el polo sur, y otros lugares helados.

Dentro de cada uno de esos grupos hay pequeños grupos de climas. Observemos estas zonas climáticas con atención.

60°N

30°N

ecuador (0°)

30°S

60°S

El ecuador es la línea de latitud que atraviesa el centro de la Tierra.

Cambios en la latitud

Existen líneas imaginarias que recorren la Tierra al norte y al sur del ecuador. Estas son las *líneas de latitud*.

Las áreas púrpura muestran la zona polar.

Las áreas verdes muestran la zona templada.

zona polar

60°N

zona templada

30°N

ecuador (0°)

zona tropical

30°S

zona templada

60°S

zona polar

Las áreas naranja muestran la zona tropical.

Climas de latitudes bajas

Las áreas cercanas al ecuador son famosas por sus climas cálidos y soleados. A muchas personas les gusta vacacionar en estos lugares.

Bosques tropicales húmedos

Los bosques tropicales húmedos están cerca del ecuador. En estas áreas no hay estaciones. Hay mucha luz solar y temperaturas cálidas todo el año. También está **húmedo** todo el año. O sea, hay mucha humedad en el aire. Además, en el bosque húmedo llueve todo el año.

Este clima cálido y húmedo es el entorno perfecto para que crezcan las plantas. Hay muchos tipos diferentes de plantas en los bosques húmedos, por ejemplo, musgos y helechos. ¡Y hay árboles enormes! Las capas más altas de las ramas de estos árboles forman un **dosel**. El dosel actúa como el techo del bosque húmedo. Millones de insectos y animales viven bajo este techo. Hay más tipos de seres vivos en este clima que en cualquier otra parte de la Tierra. Coloridas aves vuelan entre los árboles. Serpientes reptan en el suelo. Monos se columpian de rama en rama. Y ranas brincan de un lugar a otro. Hasta podrías ver un jaguar o un kinkajú.

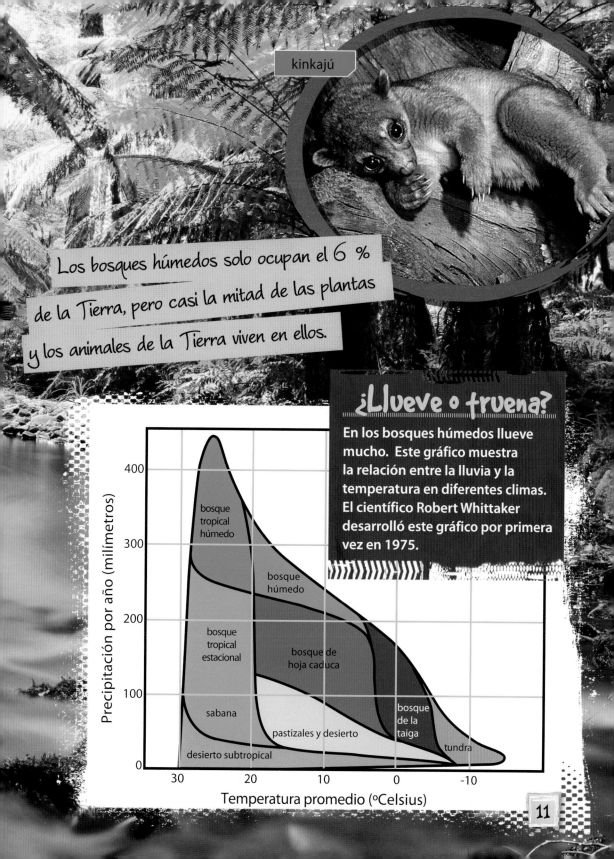

kinkajú

Los bosques húmedos solo ocupan el 6 % de la Tierra, pero casi la mitad de las plantas y los animales de la Tierra viven en ellos.

¿Llueve o truena?

En los bosques húmedos llueve mucho. Este gráfico muestra la relación entre la lluvia y la temperatura en diferentes climas. El científico Robert Whittaker desarrolló este gráfico por primera vez en 1975.

Precipitación por año (milímetros)

400

300

200

100

0

bosque tropical húmedo

bosque húmedo

bosque tropical estacional

bosque de hoja caduca

sabana

pastizales y desierto

bosque de la taiga

tundra

desierto subtropical

30   20   10   0   -10

Temperatura promedio (°Celsius)

Sabanas

¿Has visto alguna vez fotos de un safari en África? Hay elefantes y cebras recorriendo la tierra. En ocasiones, hay un intrépido león en un árbol. O tal vez haya una jirafa bebiendo de un charco. Pero, ¿alguna vez has observado la tierra en las fotos?

El pasto alimenta a casi todos los animales que viven en la sabana.

Las sabanas se encuentran entre el bosque húmedo y el desierto. Son extensiones de tierra grandes y planas. Las sabanas están cubiertas de pasto y algunos árboles dispersos. En este clima, hay una temporada de verano húmeda en la que llueve mucho durante algunos meses. Luego, hay una temporada más larga y seca de invierno. En esta época hay poca lluvia. También hay muchas tormentas eléctricas durante el invierno. Los relámpagos usualmente caen en la tierra. Cuando esto sucede, el pasto se prende fuego. Los grandes incendios forestales pueden propagarse con rapidez por toda la sabana. Aunque haya un verano y un invierno, el clima es cálido todo el año.

Nuestro hogar original

Los primeros seres humanos vivieron en la sabana africana. Nuestros ancestros prosperaron allí. Incluso hoy, muchas personas sienten que este paisaje es relajante. Es fácil ver si alguien viene. Hay mucho que comer. Y los atardeceres son hermosos.

Desiertos

Es sumamente caluroso en los climas desérticos. De hecho, el suelo se calienta tanto que calienta el aire. Se puede ver el aire elevarse en ondas. Estas ondas pueden engañar a tus ojos. Se conocen como *espejismos*. Hacen que las personas vean cosas que no están ahí. Pero, el desierto es mucho más que altas temperaturas.

Muchos desiertos son arenosos y **áridos**. Muy pocas plantas crecen ahí. Se debe a que los desiertos son áridos, o secos. Durante los meses de invierno, los desiertos reciben pocas lluvias. A veces, hace tanto calor que la lluvia se **evapora**. El agua de lluvia se convierte en vapor, o gas, antes de tocar el suelo. Esto deja poca agua para las plantas y los animales. En el desierto hace frío por la noche. La temperatura desciende muy rápido. Es que no hay mucha humedad en el aire. El clima en el desierto es extremo, pero la vida ahí se ha **adaptado**. En el desierto viven plantas, animales y seres humanos.

damán de roca

Orina Útil

Los damanes viven en África y en Asia. Prefieren orinar en los mismos lugares. ¡Los científicos descubrieron un lugar donde los damanes habían estado orinando los últimos 55,000 años! Con el tiempo, el polen, las hojas y el pasto se secaron en la orina. Los científicos estudiaron cómo estos pedacitos de planta cambiaron con el paso del tiempo. Su trabajo demuestra el modo en el que los cambios en los climas polares afectan el clima en lugares lejanos como África.

Esta planicie de *loess* se usa para cultivo en China.

Observaciones del viento

Cuando el polvo ha sido soplado por miles de millones de años, deja *loess* tras de sí. Los científicos estudian los *loess* para entender cómo soplaron los vientos en el pasado.

Climas de latitudes medias

Las áreas alejadas del ecuador son más templadas. Son lugares populares para que vivan las plantas y los animales, incluso los seres humanos.

Los gobiernos en África han creado parques nacionales para preservar los bellos pastizales de África.

¿Cuál es cuál?

Los pastizales son muy parecidos a las sabanas. ¿Cómo podemos saber la diferencia? Los pastizales suelen tener menos árboles ¡y más pasto!

Pastizales

Los pastizales son áreas de tierra grandes y planas cubiertas de diferentes tipos de pasto. Estas áreas no reciben la lluvia suficiente para que plantas grandes, como los árboles, puedan crecer. Si recibieran menos lluvia, sería un clima desértico. Más lluvia convertiría los pastizales en un bosque. Este clima tiene inviernos fríos y veranos cálidos.

La mayor parte del suelo en los pastizales es fértil. O sea, es bueno para la agricultura. Los pastizales proveen alimentos básicos como el trigo y otros granos. También son perfectos para cultivar maíz.

A los animales que **pastan** les gusta comer cualquier tipo de pasto. Les resulta fácil llegar al pasto. Además, el pasto vuelve a crecer con rapidez cuando se lo han comido. Se pueden ver bisontes y antílopes pastando en los pastizales. Los agricultores a menudo crían sus vacas y ovejas en campos con pastizales.

Vientos de cambio

Sin árboles que rompan el viento, los pastizales pueden ser lugares con mucho viento. Si el suelo se seca demasiado, se puede erosionar. Con el tiempo, puede convertir un pastizal en un desierto.

Mediterráneo

El clima mediterráneo es muy interesante. Es un clima templado. Tiene cuatro estaciones, pero suele ser difícil diferenciarlas. Los inviernos son frescos y húmedos. Hay pocas lluvias y mucho menos hielo o nieve. Los veranos son cálidos y secos. La primavera y el otoño son una mezcla del invierno y el verano. En ocasiones, es difícil saber en qué estación estás en este clima.

Por lo general, las áreas con este clima están cerca del océano, donde hay niebla. Casi no llueve. Por eso, algunas plantas en este clima tienen hojas con pelos para recolectar la humedad de la niebla. Las plantas de este clima también se han adaptado de otras maneras. En las temporadas secas, hay incendios. Algunas plantas tienen semillas que permanecen escondidas en el suelo hasta que un incendio arrasa la tierra. El calor del incendio romperá la semilla. Y luego crecerá una planta.

En partes de Australia, Chile, California, Sudáfrica y áreas cercanas al mar Mediterráneo el clima es mediterráneo.

Información sumergida

La condición de los océanos de la Tierra afecta el clima de la tierra. Los científicos usan pequeños robots llamados *Argo floats* para registrar lo que sucede en el agua. Hay más de 3,500 *Argo floats* en el océano en la actualidad.

Bosques de hoja caduca

En este clima, es fácil saber qué estación es. Los bosques de hoja caduca tienen cuatro estaciones bien diferenciadas. Para saber qué estación es, solo observa las hojas de los árboles. Las hojas adquieren colores hermosos en otoño. Al llegar el invierno, las hojas caen de los árboles. Luego, vuelven a crecer en la primavera. Las hojas están verdes en el verano. Este ciclo ayuda a los árboles a sobrevivir en los meses de invierno. Algunos de estos árboles son el álamo, el olmo y el arce.

Los animales también tienen que sobrevivir a los meses fríos de invierno. Algunos, como el oso negro, lo hacen hibernando. Es decir, pasan el invierno durmiendo y descansando. Otros animales migran. Significa que se mudan temporalmente a climas más cálidos. Aunque los inviernos son fríos, los veranos no son muy calientes. Y este clima recibe más lluvia que cualquier otro, excepto, claro, el bosque húmedo. Llueve de forma intermitente durante todo el año.

Este oso negro puede hibernar en su cálida cueva y pasar hasta tres meses sin alimento.

Los árboles mantienen nuestro aire puro, fresco y saludable.

Plantar tan solo un árbol puede ayudar a limpiar el aire que te rodea.

Anillos reveladores

Cada año, un árbol produce un nuevo anillo en su tronco. Estos anillos pueden ser más gruesos o delgados según la temperatura, la lluvia y otros factores. Estos anillos revelan cambios importantes en el clima.

crecimiento del primer año

temporada de lluvias

temporada seca

Climas de latitudes altas

Las áreas de las partes extremas del planeta tienen climas muy fríos. Con frecuencia, los científicos estudian los cambios en el clima de estas áreas. Registran la rapidez con la que se derrite el hielo y dónde crecen las plantas. Las zonas árticas están cambiando con rapidez. Y estos cambios afectan otras partes del mundo, de muchas maneras.

Cuidado al pisar

Los pantanos de la taiga se forman en lugares donde el permahielo y la roca impiden el drenaje del agua que hay en el suelo. Musgo, pasto y hasta árboles pueden crecer en estas áreas. Puede dar la impresión de que el suelo es sólido. Pero, de hecho, el suelo es húmedo y blando como una esponja.

Bosques de la taiga

Este clima es muy frío. Los bosques de la taiga tienen veranos cortos y frescos. El viento sopla desde el Ártico. Por eso, los inviernos son largos y muy muy fríos. Algunas partes de este clima son húmedas, y otras, reciben poca lluvia. La mayor parte de la lluvia se produce en los veranos cortos. Pero hay mucha nieve. De hecho, una capa del suelo debajo del bosque en este tipo de clima está permanentemente congelada. O sea, nunca se descongela. Esta capa se llama *permahielo*.

Los bosques que crecen en este clima frío son muy espesos. Los árboles incluyen el abeto, el pino y la picea. Estos árboles tienen agujas en vez de hojas. Están llenos de savia. La savia es el jugo acuoso que hay dentro de una planta. Ayuda a que los árboles no se congelen durante los largos y fríos inviernos. Estos árboles son de color verde oscuro. Esto les ayuda a absorber la luz solar.

Frío feroz, animales feroces

En los bosques de la taiga pueden sobrevivir diferentes tipos de animales. Los más comunes son los osos y los alces. En este clima viven aves, pero la mayoría migran al sur en el invierno. En Siberia, ¡los tigres vagan por el terreno!

Tundra

Si crees que los bosques de la taiga son fríos, ¡intenta vivir en una tundra! Esta es el área en el círculo polar ártico que rodea al polo norte. El clima ahí es extremadamente frío. Los inviernos son largos y oscuros. Durante varios meses no hay luz solar. Hay una temporada templada muy breve, pero no un verdadero verano. En esta época templada, el sol está en el cielo las 24 horas del día. Debido al frío extremo, no hay árboles en esta región. La región consiste principalmente de suelo desnudo y rocas. Pero existen algunas plantas, como el musgo y pequeños arbustos.

Tal vez creas que no hay animales en este entorno frío, ¡pero sí los hay! Hay caribúes y liebres árticas. Hay zorros y lobos. Incluso hay animales que viven en aguas heladas, como morsas, ballenas beluga y focas. También hay osos polares. Son los animales más peligrosos en esta región.

ballenas beluga

Popó de pingüino

Cuando los científicos descubrieron que algunos pingüinos solo anidan en las rocas, y no en el hielo, se les ocurrió una idea. Excavaron a lo largo de la Antártida en busca de huesos, plumas y tierra, hasta encontrar popó de pingüino antiguo. Los científicos registraron dónde encontraron cada pieza. Piensan que estas áreas eran rocosas en el pasado. Su investigación demuestra que el clima ha cambiado en la Antártida en los últimos 45,000 años.

lugar de anidación de los pingüinos

Algunas de las muestras de popó de pingüino tenían 45,000 años de antigüedad.

Los científicos registraron sus hallazgos.

línea de hielo en la actualidad

lugares de anidación de pingüinos antiguos

línea de hielo hace 45,000 años

Cambio climático

Existen muchos tipos diferentes de climas en nuestro mundo. Algunos son fríos, otros, calientes. Algunos reciben mucha lluvia, y otros solo unas gotas. Cada clima tiene sus propias y únicas características.

Hoy, los científicos observan los cambios en el clima y la temperatura de la Tierra en conjunto. Han notado que está cada vez más caliente. La temperatura general de la Tierra está subiendo más de lo normal. La mayoría de los científicos consideran que el comportamiento humano ha causado este y otros cambios extremos. Los pastizales se convierten en desiertos. Y las tundras se derriten. Muchos lugares experimentan tormentas intensas y períodos secos más largos. El cambio climático está produciendo menos nieve en el suelo y menos hielo en los océanos. Los océanos se están elevando.

Científicos de todo el mundo recopilan cada vez más datos. Quieren estudiar las causas del cambio climático para poder detenerlo. Juntos, buscan la manera de proteger los climas que son el hogar de plantas, animales y seres humanos de todo el mundo.

"El conocimiento empodera a las personas con la herramienta más poderosa: la habilidad de pensar y decidir".

—Seymour Simon, escritor

Un glaciar ártico se derrite a causa del clima inusualmente caliente.

Piensa como un científico

¿Cómo se forman las nubes? ¡Experimenta y averígualo!

Qué conseguir

- agua caliente
- colorante de alimentos
- cronómetro
- cubos de hielo
- frasco grande y transparente
- plato pequeño

Qué hacer

1 Pide a un adulto que caliente agua y la vierta en el frasco.

2 Agrega una gota de colorante para alimentos en el agua.

3 Cubre el frasco con el plato. Deja reposar el frasco por un minuto. Observa el frasco. ¿Qué ves?

4 Coloca los cubos de hielo en un plato. Observa por un minuto o dos. ¿Qué ves?

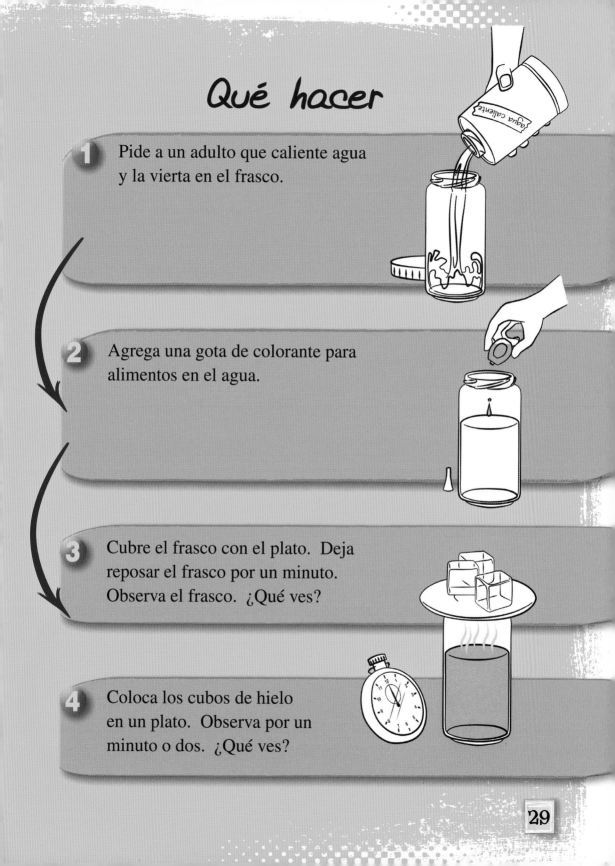

Glosario

adaptado: modificado para vivir con más facilidad en un lugar en particular

áridos: con muy pocas plantas

datos: la información usada para calcular, analizar o planificar algo

dosel: la capa más alta de ramas de un bosque

ecuador: un círculo imaginario alrededor del centro de la Tierra que está a la misma distancia del polo norte que del polo sur

evapora: cambia de líquido a gas

humedad: una pequeña cantidad de líquido que moja las cosas

húmedo: que tiene mucha humedad en el aire

pastan: se alimentan de pequeñas porciones de plantas a lo largo del día

templados: no muy extremosos

Índice

¡Tu turno!

Crea un clima

¿En qué clima vives? ¿Cómo lo sabes? Si pudieras crear tu clima ideal, ¿cuál sería? ¿Cuál sería el tiempo atmosférico? ¿Qué plantas y animales vivirían ahí? Haz un dibujo de tu clima.